▼ Les Histoires du Père Castor ▼

Qu'elles soient nées dans l'esprit fécond d'un auteur ou venues du fond des âges et de pays lointains, les histoires transmettent une culture, une tradition, elles parlent de nous. Comprendre, accepter les autres, mieux se connaître, se laisser porter par la magie des mots et des images : c'est tout cela que les Histoires du Père Castor offrent.

Depuis 1931, le Père Castor propose de merveilleuses histoires illustrées, et crée les classiques de la littérature pour enfants, d'hier et d'aujourd'hui. Nous perpétuons cette tradition avec les talents d'auteurs de mots et d'images pour le plaisir toujours renouvelé du partage de la lecture...

Le petit éléphant TÊTU

Pour Annette Houdebine,
avec toute mon amitié.
A. I.-L.

Pour Léna, Louison
et Garance.
V. G.

Dépôt légal : mars 2019
ISBN : 978-2-0814-6895-5
Imprimé en République Tchèque par PB Tisk – 01-2019
Éditions Flammarion (L.01EJDN001680.N001) – 87, quai Panhard-et-Levassor, 75647 Paris Cedex 13
Loi n° 49-956 du 16 juillet 1949 sur les publications destinées à la jeunesse

Le petit éléphant TÊTU

Un conte de la tradition africaine
raconté par Albena Ivanovitch-Lair
Illustré par Vanessa Gautier

PÈRE CASTOR

Il était une fois un tout jeune éléphant qui vivait en Afrique.
Il était têtu et aimait n'en faire qu'à sa tête.
Un jour toute la famille éléphant décida de faire une longue promenade dans la brousse.

– En route ! annonça le papa éléphant.
– Je ne veux pas aller me promener ! répondit le petit éléphant.
– Nous sommes tous prêts, viens avec nous ! lui dit sa maman.

Le petit éléphant secoua la tête :
– Non et non, j'ai pas envie.
– Allez viens, arrête de bouder !
insistèrent son frère et sa sœur.

– NON, NON ET NON, je veux rester ici !!!
– Eh bien, dit papa éléphant,
puisque c'est comme ça,
nous partirons sans toi.

Et toute la famille éléphant partit, les parents devant, les enfants derrière.
Confortablement installé à l'ombre d'un grand acacia,
le petit éléphant les entendit s'éloigner dans la chaleur du matin.

« Je suis bien content de rester ici, se dit-il.
J'ai horreur de marcher des heures sous le soleil. »

Le temps passa.
Le petit éléphant commença à s'ennuyer
et à regretter de ne pas avoir suivi sa famille.
« Ils m'ont tous abandonné, gémit-il.
Ils auraient pu m'attendre !
Puisque c'est comme ça,
je ne veux plus être un éléphant… »

Il se roula dans l'herbe,
les quatre pattes en l'air,
en poussant des cris de fureur,
pour imiter les petits lionceaux
qu'il avait vus la veille dans la grande prairie.

Une gazelle arriva en sautillant sur ses longues pattes fines.
En voyant l'éléphanteau, elle prit peur et se mit à courir,
en faisant des grands sauts élégants.
« Ah, voilà une bonne idée ! »
se dit le petit éléphant.
Et il commença à sauter pour imiter la gracieuse gazelle.

Mais il s'emmêla la trompe et les pattes,
et s'arrêta tout essoufflé.

« Oh, ce n'est pas amusant d'être une gazelle,
c'est même fatigant ! » se dit-il,
en secouant ses grandes oreilles pour se rafraîchir.

Tout à coup, l'œil du petit éléphant
fut attiré par un lézard vert
qui glissait lentement le long d'une liane.
« Tiens, c'est une idée, se dit le petit éléphant,
je vais faire du toboggan comme lui ! »

Aussitôt, il attrapa une grosse liane avec sa trompe
mais sous son poids
celle-ci se rompit comme un brin d'herbe.
Et le petit éléphant se retrouva par terre la trompe dans la poussière.
« Oh, ce n'est pas du tout amusant d'être un lézard ! »
se dit-il, en se frottant le derrière.

Le petit éléphant entendit le cri des singes
qui se poursuivaient dans la clairière.
« Quelle bonne idée ! se dit-il. Je vais jouer à cache-cache comme eux ! »
Et il se précipita pour les rejoindre.
En une minute, les singes l'avaient encerclé de tous les côtés.
Ils lui tiraient la queue et les oreilles,
ils glissaient sur sa trompe, ils montaient sur son dos.

Mais le petit éléphant ne put en attraper aucun.
« Je ne veux pas être un singe ! se dit-il.
Ils sont vraiment trop bruyants ! »

Et il se sauva en se bouchant les oreilles
pour ne plus entendre leurs rires moqueurs.

Un perroquet au plumage multicolore
passa dans la lumière du soleil.
– Je veux faire comme toi !
s'écria le petit éléphant. Apprends-moi à voler !
– Rien de plus facile ! répondit le perroquet.
Et il montra à son nouvel ami
comment voler de branche en branche.
– À ton tour, maintenant !

Le petit éléphant fit un saut,
puis un autre et encore un autre.

Mais pour tout résultat, il se tordit deux pattes
et retomba dans l'herbe la tête la première.
– Ne t'inquiète pas, suis-moi ! dit le perroquet.
Je vais te montrer l'endroit où prendre ton envol.

Le perroquet s'envola jusqu'au sommet d'une petite colline.
Le petit éléphant le suivit péniblement en boitillant.
– Fais comme moi, élance-toi, conseilla le perroquet.

Et l'oiseau descendit en planant
vers la rivière qui coulait en bas.

Le petit éléphant respira profondément,
prit son élan et sauta dans le vide
en lançant ses pattes devant lui.

Heureusement la rivière était peu profonde.
Le petit éléphant atterrit
dans la boue sans trop se faire de mal.

Il remonta furieux sur la rive, le poil mouillé
et avec une énorme bosse qui grossissait sur son front.

C'est alors qu'il entendit un bruit derrière lui.

Le petit éléphant se retourna
et aperçut toute sa famille
qui buvait un peu plus loin dans la rivière.
Ses parents le regardaient avec étonnement.
Son frère et sa sœur se cachaient
derrière leur trompe pour rire.

Le petit éléphant baissa la tête et s'approcha d'eux.
– S'il vous plaît, dit-il d'une toute petite voix,
est-ce que je peux me promener avec vous ?
– Bien sûr, mon garçon, lui dit son papa.
– Viens marcher près de moi, lui dit sa maman.

Après s'être tous rafraîchis dans la rivière,
parents et enfants se remirent en route.
Et c'est ainsi que la famille éléphant
au grand complet continua sa promenade.
Le petit éléphant marchait devant tout heureux.

Vous avez aimé cette histoire ?
Découvrez également…

Dans la même collection

n° 1 | Roule galette...

n° 6 | Marlaguette

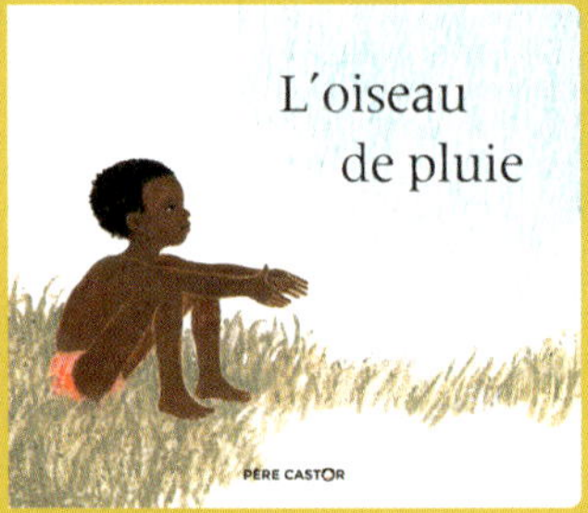

n° 12 | L'Oiseau de pluie

n° 25 | Le Premier Œuf de Pâques

n° 33 | Le Petit Hérisson partageur

n° 50 | La Sieste de Moussa

n° 58 | L'Ours et les trolls de la montagne

n° 61 | Le petit loup qui se prenait pour un grand

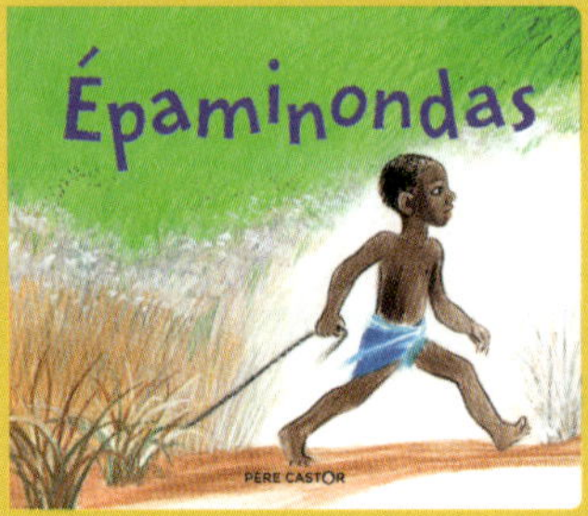

n° 65 | Épaminondas

Dans la même collection

n° 69 | Les Musiciens de Brême

n° 72 | Va-t'en, gros loup méchant !

n° 78 | Le Dragon de Cracovie

n° 79 | Bravo Tortue

n° 97 | La Plume du caneton

n° 140 | La petite oie qui ne voulait pas marcher au pas

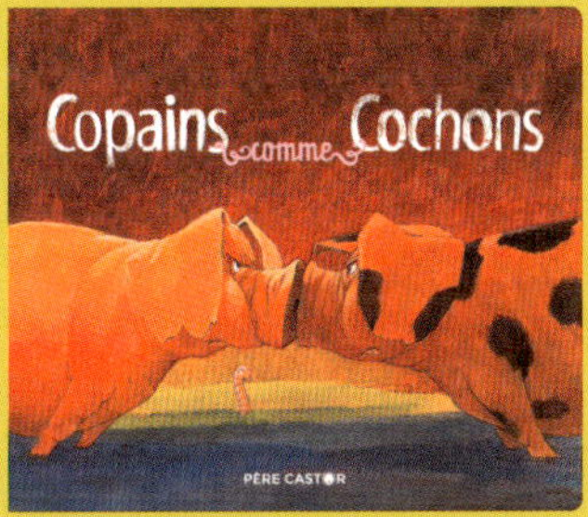

n° 142 | Copains comme cochons

n° 149 | 24 petites souris avant Noël

n° 160 | Le Petit Cheval et le vieux chameau

Le Merveilleux Monde
de

KAKOU

Illustrations et textes : Franck Le Melletier

.TROIS . L . éditions

La pyramide magique

Bienvenue au pays des pharaons.
Il y a très très longtemps,
il existait des pharaons au pays
des pyramides en Égypte.

– Je suis le roi d'Égypte,
le Kakoué pharaon.

– Je vous présente mon nouveau Kakoué scribe. Il note tout ce qu'il se passe pour ne rien oublier, dit le Kakoué pharaon.

– Nous vénérons et adorons
le soleil. Il nous protège et nous
éclaire. Le soleil fait aussi pousser
nos cultures. Nous l'aimons
beaucoup et l'appelons Râ,
explique le Kakoué pharaon.

Le Pharaon est un personnage important.

– Je suis un grand roi. Alors je me suis fait construire une magnifique pyramide.

– La pyramide est très belle.
À quoi sert-elle ? demande
le Kakoué scribe.
– Elle symbolise ma grandeur et
prépare mon départ dans l'autre
monde, répond le Kakoué pharaon.

– Qu'est-ce que c'est, l'autre monde ? demande le Kakoué scribe.

– Lorsque nous disparaissons de la Terre, nous rejoignons les étoiles dans le ciel, dans l'autre monde, dit le Kakoué pharaon.

– Oh… Ça alors !
– Oui, et c'est la même chose pour ton animal préféré, ajoute le Kakoué pharaon.
– Elles sont vraiment belles, toutes les étoiles qui brillent dans le ciel ! dit le Kakoué scribe.

La vie
n'a pas de
frontières.
LE KAKOUÉ SAGE

Collection

" Le Merveilleux Monde de KAKOUÉ © "

Découvre toutes mes aventures
et plein d'autres surprises !

English version

Collection " The Wonderful World "

of

KAKOO ©

.TROIS. L. éditions

The Wonderful World

of

KAKOO

Written and Illustrated by Franck Le Melletier

.TROIS . L . éditions

The pyramid of the sky

Welcome to the land of
the Pharaohs.
A very long time ago, there were
Pharaohs in Egypt, the land of
the pyramids.

– I am the King of Egypt,
the Kakoo Pharaoh.

– Here is my new Kakoo the Scribe. He writes down everything that happens so we won't forget anything, says Kakoo the Pharaoh.

râ

– We venerate and adore the sun.
It protects us and gives us light.
The sun also makes our crops grow.
We love it very much and call it Râ,
Kakoo the Pharaoh explains.

The Pharaoh is an important figure.

– I am a great king, so I have had a magnificent pyramid made for me.

– The pyramid is very beautiful.
What is it used for?
Kakoo the Scribe asks.

– It symbolizes my greatness and prepares my departure to the other world, Kakoo the Pharaoh answers.

– What is the other world ?
Kakoo the Scribe asks.

– When we disappear from Earth,
we meet up with the stars in the sky,
in the other world, Kakoo the
Pharaoh says.

– Oh, wow !

– Yes, and it's just the same for your favorite animal, Kakoo the Pharaoh adds.

– All those stars that shine in the sky are so beautiful ! Kakoo the Scribe exclaims.

Life has
no boundaries !
KAKOO THE WISE

Collection

" The Wonderful World of KAKOO © "

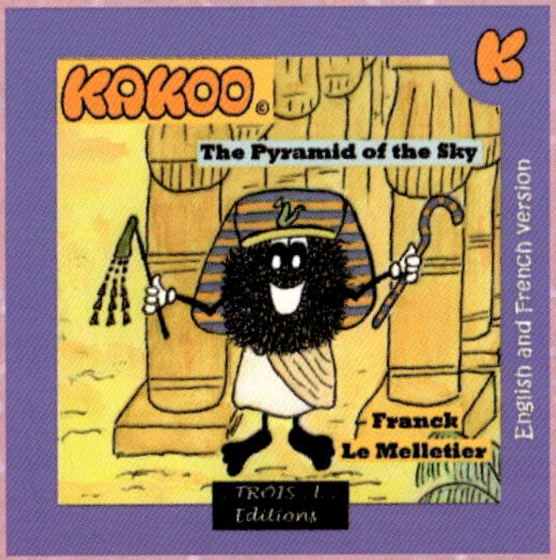

Discover all my adventures
and a lot of other surprises...

(*) with KAKOO© you take off !